BBQ Notebook

Belongs To:

_____

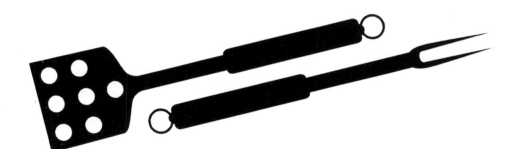

DATE: _____

Recipe: _____

~ MEAT ~
Type:
Cut:
Weight:
Preparation:

Rub: _____   Marinade: _____

Glaze: _____   Mop Sauce: _____

Cooking Procedure:

Cooking Time: _____   Weather: _____

Cooking Notes w/ Overall Rating:

1	2	3	4	5	6	7	8	9	10

Appearance: _____

Texture: _____

Bark: _____

Flavor: _____

Smoke Ring: _____

~ FINAL NOTES ~

DATE: _____

Recipe: _____

~ MEAT ~
Type:
Cut:
Weight:
Preparation:

Rub: _____ Marinade: _____

Glaze: _____ Mop Sauce: _____

Cooking Procedure:

Cooking Time: _____ Weather: _____

Cooking Notes w/ Overall Rating:

1	2	3	4	5	6	7	8	9	10

Appearance: _____

Texture: _____

Bark: _____

Flavor: _____

Smoke Ring: _____

~ FINAL NOTES ~

DATE: _____

Recipe: _____

~ MEAT ~
Type:
Cut:
Weight:
Preparation:

Rub: _____   Marinade: _____

Glaze: _____   Mop Sauce: _____

Cooking Procedure:

Cooking Time: _____   Weather: _____

Cooking Notes w/ Overall Rating:

| 1 | 2 | 3 | 4 | 5 | 6 | 7 | 8 | 9 | 10 |

Appearance: _____

Texture: _____

Bark: _____

Flavor: _____

Smoke Ring: _____

~ FINAL NOTES ~

DATE: _____

Recipe: _____

~ MEAT ~
Type:
Cut:
Weight:
Preparation:

Rub: _____ Marinade: _____

Glaze: _____ Mop Sauce: _____

Cooking Procedure:

Cooking Time: _____ Weather: _____

Cooking Notes w/ Overall Rating:

1	2	3	4	5	6	7	8	9	10

Appearance: _____

Texture: _____

Bark: _____

Flavor: _____

Smoke Ring: _____

~ FINAL NOTES ~

DATE: _____

Recipe: _____

~ MEAT ~

Type:

Cut:

Weight:

Preparation:

Rub: _____ Marinade: _____

Glaze: _____ Mop Sauce: _____

Cooking Procedure:

Cooking Time: _____ Weather: _____

Cooking Notes w/ Overall Rating:

1	2	3	4	5	6	7	8	9	10

Appearance: _____

Texture: _____

Bark: _____

Flavor: _____

Smoke Ring: _____

~ FINAL NOTES ~

DATE: _____

Recipe: _____

~ MEAT ~
Type:
Cut:
Weight:
Preparation:

Rub: _____   Marinade: _____

Glaze: _____   Mop Sauce: _____

Cooking Procedure:

Cooking Time: _____   Weather: _____

Cooking Notes w/ Overall Rating:

| 1 | 2 | 3 | 4 | 5 | 6 | 7 | 8 | 9 | 10 |

Appearance: _____

Texture: _____

Bark: _____

Flavor: _____

Smoke Ring: _____

~ FINAL NOTES ~

DATE: _____

Recipe: _____

~ MEAT ~
Type:
Cut:
Weight:
Preparation:

Rub: _____ Marinade: _____

Glaze: _____ Mop Sauce: _____

Cooking Procedure:

Cooking Time: _____ Weather: _____

Cooking Notes w/ Overall Rating:

1	2	3	4	5	6	7	8	9	10

Appearance: _____

Texture: _____

Bark: _____

Flavor: _____

Smoke Ring: _____

~ FINAL NOTES ~

DATE: _____

Recipe: _____

~ MEAT ~
Type:
Cut:
Weight:
Preparation:

Rub: _____   Marinade: _____

Glaze: _____   Mop Sauce: _____

Cooking Procedure:

Cooking Time: _____   Weather: _____

Cooking Notes w/ Overall Rating:

1	2	3	4	5	6	7	8	9	10

Appearance: _____

Texture: _____

Bark: _____

Flavor: _____

Smoke Ring: _____

~ FINAL NOTES ~

DATE: _____

Recipe: _____

~ MEAT ~
Type:
Cut:
Weight:
Preparation:

Rub: _____ Marinade: _____

Glaze: _____ Mop Sauce: _____

Cooking Procedure:

Cooking Time: _____ Weather: _____

Cooking Notes w/ Overall Rating:

1	2	3	4	5	6	7	8	9	10

Appearance: _____

Texture: _____

Bark: _____

Flavor: _____

Smoke Ring: _____

~ FINAL NOTES ~

DATE: _____

Recipe: _____

~ MEAT ~
Type:
Cut:
Weight:
Preparation:

Rub: _____   Marinade: _____

Glaze: _____   Mop Sauce: _____

Cooking Procedure:

Cooking Time: _____   Weather: _____

Cooking Notes w/ Overall Rating:

| 1 | 2 | 3 | 4 | 5 | 6 | 7 | 8 | 9 | 10 |

Appearance: _____

Texture: _____

Bark: _____

Flavor: _____

Smoke Ring: _____

~ FINAL NOTES ~

DATE: _____

Recipe: _____

~ MEAT ~
Type:
Cut:
Weight:
Preparation:

Rub: _____   Marinade: _____

Glaze: _____   Mop Sauce: _____

Cooking Procedure:

Cooking Time: _____   Weather: _____

Cooking Notes w/ Overall Rating:

1	2	3	4	5	6	7	8	9	10

Appearance: _____

Texture: _____

Bark: _____

Flavor: _____

Smoke Ring: _____

~ FINAL NOTES ~

DATE: _____

Recipe: _____

~ MEAT ~
Type:
Cut:
Weight:
Preparation:

Rub: _____ Marinade: _____

Glaze: _____ Mop Sauce: _____

Cooking Procedure:

Cooking Time: _____ Weather: _____

Cooking Notes w/ Overall Rating:

1	2	3	4	5	6	7	8	9	10

Appearance: _____

Texture: _____

Bark: _____

Flavor: _____

Smoke Ring: _____

~ FINAL NOTES ~

DATE: _____

Recipe: _____

~ MEAT ~
Type:
Cut:
Weight:
Preparation:

Rub: _____   Marinade: _____

Glaze: _____   Mop Sauce: _____

Cooking Procedure:

Cooking Time: _____   Weather: _____

Cooking Notes w/ Overall Rating:

1	2	3	4	5	6	7	8	9	10

Appearance: _____

Texture: _____

Bark: _____

Flavor: _____

Smoke Ring: _____

~ FINAL NOTES ~

DATE: _____

Recipe: _____

~ MEAT ~
Type:
Cut:
Weight:
Preparation:

Rub: _____   Marinade: _____

Glaze: _____   Mop Sauce: _____

Cooking Procedure:

Cooking Time: _____   Weather: _____

Cooking Notes w/ Overall Rating:

1	2	3	4	5	6	7	8	9	10

Appearance: _____

Texture: _____

Bark: _____

Flavor: _____

Smoke Ring: _____

~ FINAL NOTES ~

DATE: _____

Recipe: _____

~ MEAT ~
Type:
Cut:
Weight:
Preparation:

Rub: _____   Marinade: _____

Glaze: _____   Mop Sauce: _____

Cooking Procedure:

Cooking Time: _____   Weather: _____

Cooking Notes w/ Overall Rating:

1	2	3	4	5	6	7	8	9	10

Appearance: _____

Texture: _____

Bark: _____

Flavor: _____

Smoke Ring: _____

~ FINAL NOTES ~

DATE: _____

Recipe: _____

~ MEAT ~
Type:
Cut:
Weight:
Preparation:

Rub: _____ Marinade: _____

Glaze: _____ Mop Sauce: _____

Cooking Procedure:

Cooking Time: _____ Weather: _____

Cooking Notes w/ Overall Rating:

1	2	3	4	5	6	7	8	9	10

Appearance: _____

Texture: _____

Bark: _____

Flavor: _____

Smoke Ring: _____

~ FINAL NOTES ~

DATE: _____

Recipe: _____

~ MEAT ~
Type:
Cut:
Weight:
Preparation:

Rub: _____ Marinade: _____

Glaze: _____ Mop Sauce: _____

Cooking Procedure:

Cooking Time: _____ Weather: _____

Cooking Notes w/ Overall Rating:

1	2	3	4	5	6	7	8	9	10

Appearance: _____

Texture: _____

Bark: _____

Flavor: _____

Smoke Ring: _____

~ FINAL NOTES ~

DATE: _____

Recipe: _____

~ MEAT ~
Type:
Cut:
Weight:
Preparation:

Rub: _____   Marinade: _____

Glaze: _____   Mop Sauce: _____

Cooking Procedure:

Cooking Time: _____   Weather: _____

Cooking Notes w/ Overall Rating:

1	2	3	4	5	6	7	8	9	10

Appearance: _____

Texture: _____

Bark: _____

Flavor: _____

Smoke Ring: _____

~ FINAL NOTES ~

DATE: _____

Recipe: _____

~ MEAT ~
Type:
Cut:
Weight:
Preparation:

Rub: _____   Marinade: _____

Glaze: _____   Mop Sauce: _____

Cooking Procedure:

Cooking Time: _____   Weather: _____

Cooking Notes w/ Overall Rating:

1	2	3	4	5	6	7	8	9	10

Appearance: _____

Texture: _____

Bark: _____

Flavor: _____

Smoke Ring: _____

~ FINAL NOTES ~

DATE: _____

Recipe: _____

~ MEAT ~
Type:
Cut:
Weight:
Preparation:

Rub: _____ Marinade: _____

Glaze: _____ Mop Sauce: _____

Cooking Procedure:

Cooking Time: _____ Weather: _____

Cooking Notes w/ Overall Rating:

1	2	3	4	5	6	7	8	9	10

Appearance: _____

Texture: _____

Bark: _____

Flavor: _____

Smoke Ring: _____

~ FINAL NOTES ~

DATE: _____

Recipe: _____

~ MEAT ~
Type:
Cut:
Weight:
Preparation:

Rub: _____   Marinade: _____

Glaze: _____   Mop Sauce: _____

Cooking Procedure:

Cooking Time: _____   Weather: _____

Cooking Notes w/ Overall Rating:

1	2	3	4	5	6	7	8	9	10

Appearance: _____

Texture: _____

Bark: _____

Flavor: _____

Smoke Ring: _____

~ FINAL NOTES ~

DATE: _____

Recipe: _____

~ MEAT ~
Type:
Cut:
Weight:
Preparation:

Rub: _____   Marinade: _____

Glaze: _____   Mop Sauce: _____

Cooking Procedure:

Cooking Time: _____   Weather: _____

Cooking Notes w/ Overall Rating:

1	2	3	4	5	6	7	8	9	10

Appearance: _____

Texture: _____

Bark: _____

Flavor: _____

Smoke Ring: _____

~ FINAL NOTES ~

DATE: _____

Recipe: _____

~ MEAT ~
Type:
Cut:
Weight:
Preparation:

Rub: _____ Marinade: _____

Glaze: _____ Mop Sauce: _____

Cooking Procedure:

Cooking Time: _____ Weather: _____

Cooking Notes w/ Overall Rating:

1	2	3	4	5	6	7	8	9	10

Appearance: _____

Texture: _____

Bark: _____

Flavor: _____

Smoke Ring: _____

~ FINAL NOTES ~

DATE: _____

Recipe: _____

~ MEAT ~
Type:
Cut:
Weight:
Preparation:

Rub: _____   Marinade: _____

Glaze: _____   Mop Sauce: _____

Cooking Procedure:

Cooking Time: _____   Weather: _____

Cooking Notes w/ Overall Rating:

1	2	3	4	5	6	7	8	9	10

Appearance: _____

Texture: _____

Bark: _____

Flavor: _____

Smoke Ring: _____

~ FINAL NOTES ~

DATE: _____

Recipe: _____

~ MEAT ~
Type:
Cut:
Weight:
Preparation:

Rub: _____ Marinade: _____

Glaze: _____ Mop Sauce: _____

Cooking Procedure:

Cooking Time: _____ Weather: _____

Cooking Notes w/ Overall Rating:

1	2	3	4	5	6	7	8	9	10

Appearance: _____

Texture: _____

Bark: _____

Flavor: _____

Smoke Ring: _____

~ FINAL NOTES ~

DATE: _____

Recipe: _____

~ MEAT ~
Type:
Cut:
Weight:
Preparation:

Rub: _____ Marinade: _____

Glaze: _____ Mop Sauce: _____

Cooking Procedure:

Cooking Time: _____ Weather: _____

Cooking Notes w/ Overall Rating:

1	2	3	4	5	6	7	8	9	10

Appearance: _____

Texture: _____

Bark: _____

Flavor: _____

Smoke Ring: _____

~ FINAL NOTES ~

DATE: _____

Recipe: _____

~ MEAT ~
Type:
Cut:
Weight:
Preparation:

Rub: _____   Marinade: _____

Glaze: _____   Mop Sauce: _____

Cooking Procedure:

Cooking Time: _____   Weather: _____

Cooking Notes w/ Overall Rating:

1	2	3	4	5	6	7	8	9	10

Appearance: _____

Texture: _____

Bark: _____

Flavor: _____

Smoke Ring: _____

~ FINAL NOTES ~

DATE: _____

Recipe: _____

~ MEAT ~
Type:
Cut:
Weight:
Preparation:

Rub: _____ Marinade: _____

Glaze: _____ Mop Sauce: _____

Cooking Procedure:

Cooking Time: _____ Weather: _____

Cooking Notes w/ Overall Rating:

1	2	3	4	5	6	7	8	9	10

Appearance: _____

Texture: _____

Bark: _____

Flavor: _____

Smoke Ring: _____

~ FINAL NOTES ~

DATE: _____

Recipe: _____

~ MEAT ~
Type:
Cut:
Weight:
Preparation:

Rub: _____   Marinade: _____

Glaze: _____   Mop Sauce: _____

Cooking Procedure:

Cooking Time: _____   Weather: _____

Cooking Notes w/ Overall Rating:

1	2	3	4	5	6	7	8	9	10

Appearance: _____

Texture: _____

Bark: _____

Flavor: _____

Smoke Ring: _____

~ FINAL NOTES ~

DATE: _____

Recipe: _____

~ MEAT ~
Type:
Cut:
Weight:
Preparation:

Rub: _____   Marinade: _____

Glaze: _____   Mop Sauce: _____

Cooking Procedure:

Cooking Time: _____   Weather: _____

Cooking Notes w/ Overall Rating:

1	2	3	4	5	6	7	8	9	10

Appearance: _____

Texture: _____

Bark: _____

Flavor: _____

Smoke Ring: _____

~ FINAL NOTES ~

DATE: _____

Recipe: _____

~ MEAT ~
Type:
Cut:
Weight:
Preparation:

Rub: _____ Marinade: _____

Glaze: _____ Mop Sauce: _____

Cooking Procedure:

Cooking Time: _____ Weather: _____

Cooking Notes w/ Overall Rating:

1	2	3	4	5	6	7	8	9	10

Appearance: _____

Texture: _____

Bark: _____

Flavor: _____

Smoke Ring: _____

~ FINAL NOTES ~

DATE: _____

Recipe: _____

~ MEAT ~
Type:
Cut:
Weight:
Preparation:

Rub: _____   Marinade: _____

Glaze: _____   Mop Sauce: _____

Cooking Procedure:

Cooking Time: _____   Weather: _____

Cooking Notes w/ Overall Rating:

1	2	3	4	5	6	7	8	9	10

Appearance: _____

Texture: _____

Bark: _____

Flavor: _____

Smoke Ring: _____

~ FINAL NOTES ~

DATE: _____

Recipe: _____

~ MEAT ~

Type:

Cut:

Weight:

Preparation:

Rub: _____ Marinade: _____

Glaze: _____ Mop Sauce: _____

Cooking Procedure:

Cooking Time: _____ Weather: _____

Cooking Notes w/ Overall Rating:

1	2	3	4	5	6	7	8	9	10

Appearance: _____

Texture: _____

Bark: _____

Flavor: _____

Smoke Ring: _____

~ FINAL NOTES ~

DATE: _____

Recipe: _____

~ MEAT ~
Type:
Cut:
Weight:
Preparation:

Rub: _____   Marinade: _____

Glaze: _____   Mop Sauce: _____

Cooking Procedure:

Cooking Time: _____   Weather: _____

Cooking Notes w/ Overall Rating:

1	2	3	4	5	6	7	8	9	10

Appearance: _____

Texture: _____

Bark: _____

Flavor: _____

Smoke Ring: _____

~ FINAL NOTES ~

DATE: _____

Recipe: _____

~ MEAT ~
Type:
Cut:
Weight:
Preparation:

Rub: _____   Marinade: _____

Glaze: _____   Mop Sauce: _____

Cooking Procedure:

Cooking Time: _____   Weather: _____

Cooking Notes w/ Overall Rating:

1	2	3	4	5	6	7	8	9	10

Appearance: _____

Texture: _____

Bark: _____

Flavor: _____

Smoke Ring: _____

~ FINAL NOTES ~

DATE: _____

Recipe: _____

~ MEAT ~
Type:
Cut:
Weight:
Preparation:

Rub: _____   Marinade: _____

Glaze: _____   Mop Sauce: _____

Cooking Procedure:

Cooking Time: _____   Weather: _____

Cooking Notes w/ Overall Rating:

1	2	3	4	5	6	7	8	9	10

Appearance: _____

Texture: _____

Bark: _____

Flavor: _____

Smoke Ring: _____

~ FINAL NOTES ~

DATE: _____

Recipe: _____

~ MEAT ~
Type:
Cut:
Weight:
Preparation:

Rub: _____ Marinade: _____

Glaze: _____ Mop Sauce: _____

Cooking Procedure:

Cooking Time: _____ Weather: _____

Cooking Notes w/ Overall Rating:

1	2	3	4	5	6	7	8	9	10

Appearance: _____

Texture: _____

Bark: _____

Flavor: _____

Smoke Ring: _____

~ FINAL NOTES ~

DATE: _____

Recipe: _____

~ MEAT ~
Type:
Cut:
Weight:
Preparation:

Rub: _____   Marinade: _____

Glaze: _____   Mop Sauce: _____

Cooking Procedure:

Cooking Time: _____   Weather: _____

Cooking Notes w/ Overall Rating:

| 1 | 2 | 3 | 4 | 5 | 6 | 7 | 8 | 9 | 10 |

Appearance: _____

Texture: _____

Bark: _____

Flavor: _____

Smoke Ring: _____

~ FINAL NOTES ~

DATE: _____

Recipe: _____

~ MEAT ~
Type:
Cut:
Weight:
Preparation:

Rub: _____   Marinade: _____

Glaze: _____   Mop Sauce: _____

Cooking Procedure:

Cooking Time: _____   Weather: _____

Cooking Notes w/ Overall Rating:

| 1 | 2 | 3 | 4 | 5 | 6 | 7 | 8 | 9 | 10 |

Appearance: _____

Texture: _____

Bark: _____

Flavor: _____

Smoke Ring: _____

~ FINAL NOTES ~

DATE: _____

Recipe: _____

~ MEAT ~
Type:
Cut:
Weight:
Preparation:

Rub: _____ Marinade: _____

Glaze: _____ Mop Sauce: _____

Cooking Procedure:

Cooking Time: _____ Weather: _____

Cooking Notes w/ Overall Rating:

1	2	3	4	5	6	7	8	9	10

Appearance: _____

Texture: _____

Bark: _____

Flavor: _____

Smoke Ring: _____

~ FINAL NOTES ~

DATE: _____

Recipe: _____

~ MEAT ~

Type:	
Cut:	
Weight:	
Preparation:	

Rub: _____   Marinade: _____

Glaze: _____   Mop Sauce: _____

Cooking Procedure:

Cooking Time: _____   Weather: _____

Cooking Notes w/ Overall Rating:

| 1 | 2 | 3 | 4 | 5 | 6 | 7 | 8 | 9 | 10 |

Appearance: _____

Texture: _____

Bark: _____

Flavor: _____

Smoke Ring: _____

~ FINAL NOTES ~

DATE: _____

Recipe: _____

~ MEAT ~

Type:

Cut:

Weight:

Preparation:

Rub: _____   Marinade: _____

Glaze: _____   Mop Sauce: _____

Cooking Procedure:

Cooking Time: _____   Weather: _____

Cooking Notes w/ Overall Rating:

1	2	3	4	5	6	7	8	9	10

Appearance: _____

Texture: _____

Bark: _____

Flavor: _____

Smoke Ring: _____

~ FINAL NOTES ~

DATE: _____

Recipe: _____

~ MEAT ~
Type:
Cut:
Weight:
Preparation:

Rub: _____ Marinade: _____

Glaze: _____ Mop Sauce: _____

Cooking Procedure:

Cooking Time: _____ Weather: _____

Cooking Notes w/ Overall Rating:

1	2	3	4	5	6	7	8	9	10

Appearance: _____

Texture: _____

Bark: _____

Flavor: _____

Smoke Ring: _____

~ FINAL NOTES ~

DATE: _____

Recipe: _____

~ MEAT ~
Type:
Cut:
Weight:
Preparation:

Rub: _____   Marinade: _____

Glaze: _____   Mop Sauce: _____

Cooking Procedure:

Cooking Time: _____   Weather: _____

Cooking Notes w/ Overall Rating:

1	2	3	4	5	6	7	8	9	10

Appearance: _____

Texture: _____

Bark: _____

Flavor: _____

Smoke Ring: _____

~ FINAL NOTES ~

DATE: _____

Recipe: _____

~ MEAT ~

Type:

Cut:

Weight:

Preparation:

Rub: _____   Marinade: _____

Glaze: _____   Mop Sauce: _____

Cooking Procedure:

Cooking Time: _____   Weather: _____

Cooking Notes w/ Overall Rating:

1	2	3	4	5	6	7	8	9	10

Appearance: _____

Texture: _____

Bark: _____

Flavor: _____

Smoke Ring: _____

~ FINAL NOTES ~

DATE: _____

Recipe: _____

~ MEAT ~
Type:
Cut:
Weight:
Preparation:

Rub: _____   Marinade: _____

Glaze: _____   Mop Sauce: _____

Cooking Procedure:

Cooking Time: _____   Weather: _____

Cooking Notes w/ Overall Rating:

1	2	3	4	5	6	7	8	9	10

Appearance: _____

Texture: _____

Bark: _____

Flavor: _____

Smoke Ring: _____

~ FINAL NOTES ~

DATE: _____

Recipe: _____

~ MEAT ~
Type:
Cut:
Weight:
Preparation:

Rub: _____   Marinade: _____

Glaze: _____   Mop Sauce: _____

Cooking Procedure:

Cooking Time: _____   Weather: _____

Cooking Notes w/ Overall Rating:

1	2	3	4	5	6	7	8	9	10

Appearance: _____

Texture: _____

Bark: _____

Flavor: _____

Smoke Ring: _____

~ FINAL NOTES ~

DATE: _____

Recipe: _____

~ MEAT ~

Type:

Cut:

Weight:

Preparation:

Rub: _____ Marinade: _____

Glaze: _____ Mop Sauce: _____

Cooking Procedure:

Cooking Time: _____ Weather: _____

Cooking Notes w/ Overall Rating:

1	2	3	4	5	6	7	8	9	10

Appearance: _____

Texture: _____

Bark: _____

Flavor: _____

Smoke Ring: _____

~ FINAL NOTES ~

DATE: _____

Recipe: _____

~ MEAT ~
Type:
Cut:
Weight:
Preparation:

Rub: _____   Marinade: _____

Glaze: _____   Mop Sauce: _____

Cooking Procedure:

Cooking Time: _____   Weather: _____

Cooking Notes w/ Overall Rating:

1	2	3	4	5	6	7	8	9	10

Appearance: _____

Texture: _____

Bark: _____

Flavor: _____

Smoke Ring: _____

~ FINAL NOTES ~

DATE: _____

Recipe: _____

~ MEAT ~
Type:
Cut:
Weight:
Preparation:

Rub: _____   Marinade: _____

Glaze: _____   Mop Sauce: _____

Cooking Procedure:

Cooking Time: _____   Weather: _____

Cooking Notes w/ Overall Rating:

1	2	3	4	5	6	7	8	9	10

Appearance: _____

Texture: _____

Bark: _____

Flavor: _____

Smoke Ring: _____

~ FINAL NOTES ~

DATE: _____

Recipe: _____

~ MEAT ~
Type:
Cut:
Weight:
Preparation:

Rub: _____   Marinade: _____

Glaze: _____   Mop Sauce: _____

Cooking Procedure:

Cooking Time: _____   Weather: _____

Cooking Notes w/ Overall Rating:

1	2	3	4	5	6	7	8	9	10

Appearance: _____

Texture: _____

Bark: _____

Flavor: _____

Smoke Ring: _____

~ FINAL NOTES ~

DATE: _____

Recipe: _____

~ MEAT ~
Type:
Cut:
Weight:
Preparation:

Rub: _____   Marinade: _____

Glaze: _____   Mop Sauce: _____

Cooking Procedure:

Cooking Time: _____   Weather: _____

Cooking Notes w/ Overall Rating:

1	2	3	4	5	6	7	8	9	10

Appearance: _____

Texture: _____

Bark: _____

Flavor: _____

Smoke Ring: _____

~ FINAL NOTES ~

DATE: _____

Recipe: _____

~ MEAT ~
Type:
Cut:
Weight:
Preparation:

Rub: _____   Marinade: _____

Glaze: _____   Mop Sauce: _____

Cooking Procedure:

Cooking Time: _____   Weather: _____

Cooking Notes w/ Overall Rating:

1	2	3	4	5	6	7	8	9	10

Appearance: _____

Texture: _____

Bark: _____

Flavor: _____

Smoke Ring: _____

~ FINAL NOTES ~

DATE: _____

Recipe: _____

~ MEAT ~
Type:
Cut:
Weight:
Preparation:

Rub: _____   Marinade: _____

Glaze: _____   Mop Sauce: _____

Cooking Procedure:

Cooking Time: _____   Weather: _____

Cooking Notes w/ Overall Rating:

1	2	3	4	5	6	7	8	9	10

Appearance: _____

Texture: _____

Bark: _____

Flavor: _____

Smoke Ring: _____

~ FINAL NOTES ~

DATE: _____

Recipe: _____

~ MEAT ~
Type:
Cut:
Weight:
Preparation:

Rub: _____ Marinade: _____

Glaze: _____ Mop Sauce: _____

Cooking Procedure:

Cooking Time: _____ Weather: _____

Cooking Notes w/ Overall Rating:

1	2	3	4	5	6	7	8	9	10

Appearance: _____

Texture: _____

Bark: _____

Flavor: _____

Smoke Ring: _____

~ FINAL NOTES ~

DATE: _____

Recipe: _____

~ MEAT ~
Type:
Cut:
Weight:
Preparation:

Rub: _____   Marinade: _____

Glaze: _____   Mop Sauce: _____

Cooking Procedure:

Cooking Time: _____   Weather: _____

Cooking Notes w/ Overall Rating:

1	2	3	4	5	6	7	8	9	10

Appearance: _____

Texture: _____

Bark: _____

Flavor: _____

Smoke Ring: _____

~ FINAL NOTES ~

DATE: _____

Recipe: _____

~ MEAT ~
Type:
Cut:
Weight:
Preparation:

Rub: _____   Marinade: _____

Glaze: _____   Mop Sauce: _____

Cooking Procedure:

Cooking Time: _____   Weather: _____

Cooking Notes w/ Overall Rating:

1	2	3	4	5	6	7	8	9	10

Appearance: _____

Texture: _____

Bark: _____

Flavor: _____

Smoke Ring: _____

~ FINAL NOTES ~

DATE: _____

Recipe: _____

~ MEAT ~
Type:
Cut:
Weight:
Preparation:

Rub: _____ Marinade: _____

Glaze: _____ Mop Sauce: _____

Cooking Procedure:

Cooking Time: _____ Weather: _____

Cooking Notes w/ Overall Rating:

1	2	3	4	5	6	7	8	9	10

Appearance: _____

Texture: _____

Bark: _____

Flavor: _____

Smoke Ring: _____

~ FINAL NOTES ~

DATE: _____

Recipe: _____

~ MEAT ~
Type:
Cut:
Weight:
Preparation:

Rub: _____ Marinade: _____

Glaze: _____ Mop Sauce: _____

Cooking Procedure:

Cooking Time: _____ Weather: _____

Cooking Notes w/ Overall Rating:

1	2	3	4	5	6	7	8	9	10

Appearance: _____

Texture: _____

Bark: _____

Flavor: _____

Smoke Ring: _____

~ FINAL NOTES ~